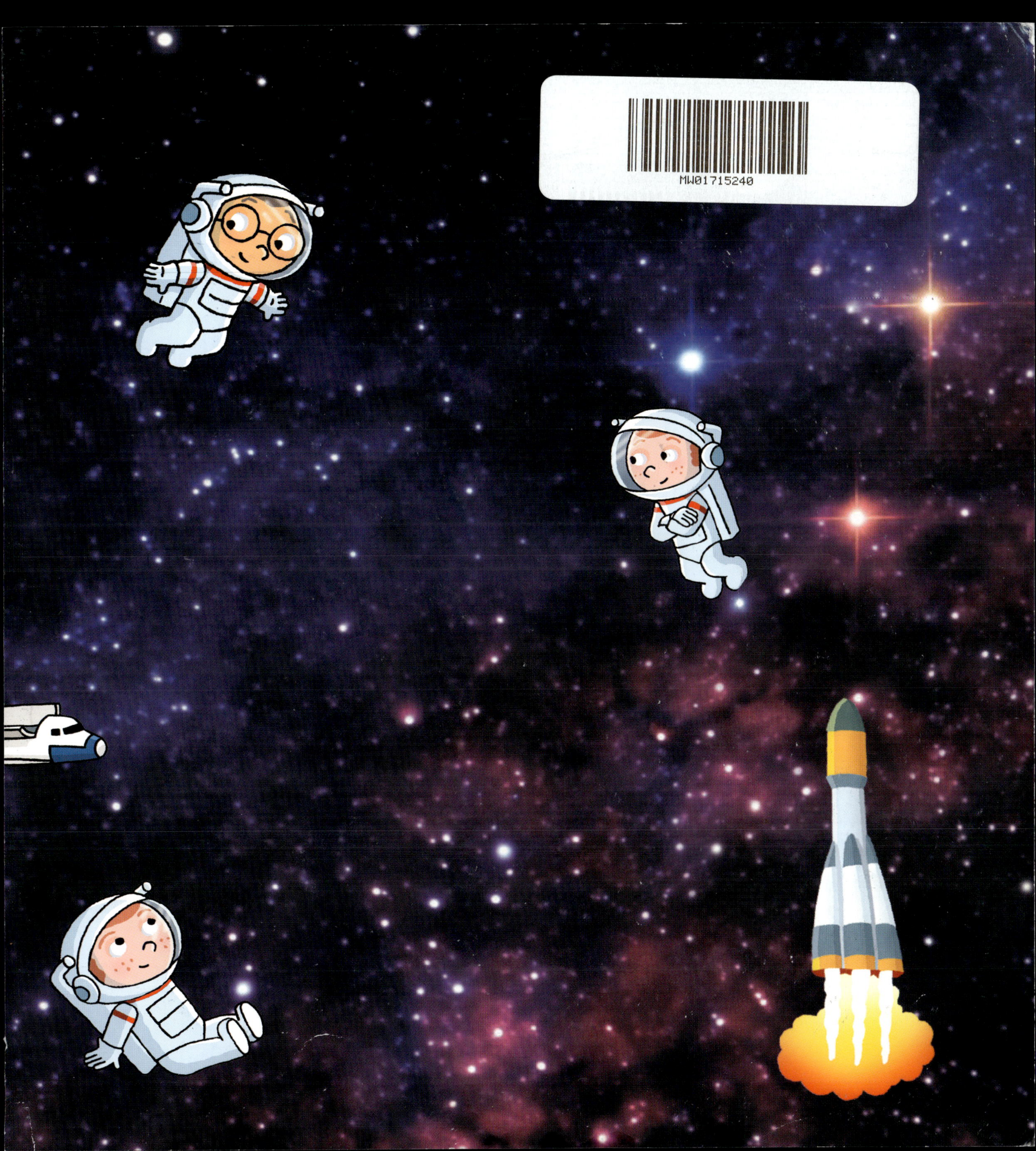

MDS : 660876
ISBN : 978-2-215-11499-4

Dépôt légal à la date de parution.
Conforme à la loi n° 49-956 du 16 juillet 1949
sur les publications destinées à la jeunesse.
Imprimé en Italie (08/12).

pour les enfants

Conception :
Jacques Beaumont

Texte :
Emmanuelle Lepetit

Illustrations :
François Daniel
Anne de Chambourcy

Conseiller scientifique :
Gilles Dawidowicz

FLEURUS

FLEURUS ÉDITIONS, 15-27, rue Moussorgski, 75018 PARIS
www.fleuruseditions.com

DIRECTION, LE COSMOS !

Bienvenue au planétarium. Ce drôle de musée qui ressemble à un cinéma est l'occasion d'un voyage dans l'espace pour mieux comprendre l'Univers. Prêt pour l'aventure ?

Non, plus loin encore. Pour atteindre l'espace, il faut traverser les nuages, puis continuer de monter bien plus haut que ne volent les avions jusqu'à sortir de l'atmosphère, la couche d'air qui entoure la Terre. À 100 km enfin, on entre dans l'espace.

Sur Terre, c'est l'air qui, en filtrant les rayons du Soleil, crée la lumière du jour. Sorti de l'atmosphère, plus de lumière !

De rien du tout. L'espace, c'est du vide. Çà et là, il est juste peuplé d'astres qui flottent en suspension et de poussières.

Il y a plusieurs familles d'astres. Les étoiles (1), comme le Soleil, produisent de la lumière. Les planètes (2) ne produisent pas de lumière, elles vivent en groupe près d'une étoile. Les comètes et les astéroïdes (3) sont de petits astres aux formes irrégulières.

L'Univers

L'Univers est né il y a 14 milliards d'années lors du Big Bang, le « grand boum ». Les scientifiques le décrivent comme une gigantesque explosion générale ou comme un immense flash lumineux.

Le Big

Notre Univers est fait de milliards de galaxies qui s'éloignent les unes des autres. Il grandit donc en permanence.

Une galaxie, c'est un immense nuage de milliards d'étoiles qui tourne sur lui-même.

Notre galaxie à nous s'appelle la Voie lactée. Elle ressemble à une grosse spirale blanche avec des sortes de bras.

À ses débuts, la température de l'Univers était très élevée. Peu à peu, les matières éparpillées dans l'explosion se sont refroidies et elles se sont rassemblées et collées pour former des galaxies séparées par du vide.

Bang

La Terre fait partie du Système solaire, le groupe de planètes qui gravitent autour du Soleil, notre étoile. Nous habitons tout au bord de la Voie lactée, très loin de son centre.

Notre planète, la Terre, n'est donc en réalité qu'une minuscule tête d'épingle perdue dans l'Univers, qui est infini, sans limites.

Plus près des étoiles...

L'homme a toujours été fasciné par le spectacle des astres. Des savants, les astronomes, ont appris à observer le ciel. Ils ont inventé des appareils pour voir plus loin. Grâce à eux, nous avons commencé à percer les mystères de l'Univers.

Les montagnes du désert d'Atacama, en Amérique du Sud, offrent de très bonnes conditions pour observer le ciel. Il y est toujours dégagé.

L'homme a certainement toujours regardé les astres. Les premiers astronomes observaient le ciel à l'œil nu. Puis des civilisations ont bâti des observatoires pour mieux regarder les étoiles.

La lunette astronomique fut inventée par un savant italien. Cette loupe géante permit de prouver que la Terre tourne autour du Soleil, et non l'inverse, comme on le croyait auparavant.

Depuis 1990, le télescope Hubble gravite à 600 km au-dessus de la Terre.

Enfin, un scientifique anglais mit au point le télescope. Plus puissant que la lunette, il permet de voir plus loin.

Aujourd'hui, il existe des télescopes très performants, comme au Chili. À la nuit tombée, le toit des observatoires s'ouvre et les télescopes, dirigés vers le ciel, captent des images très grossies des étoiles et des planètes. On a aussi envoyé des télescopes dans l'espace.

LE SYSTÈME SOLAIRE

Le Système solaire, c'est notre maison. Il comprend une étoile, le Soleil, et tous les astres qui tournent autour de lui. Il y a en tout huit planètes. La plupart possèdent, comme la Terre, une ou plusieurs lunes qui leur tournent autour. Il faut imaginer en plus des milliards de cailloux qui tournent eux aussi autour du Soleil : ce sont les astéroïdes et les comètes.

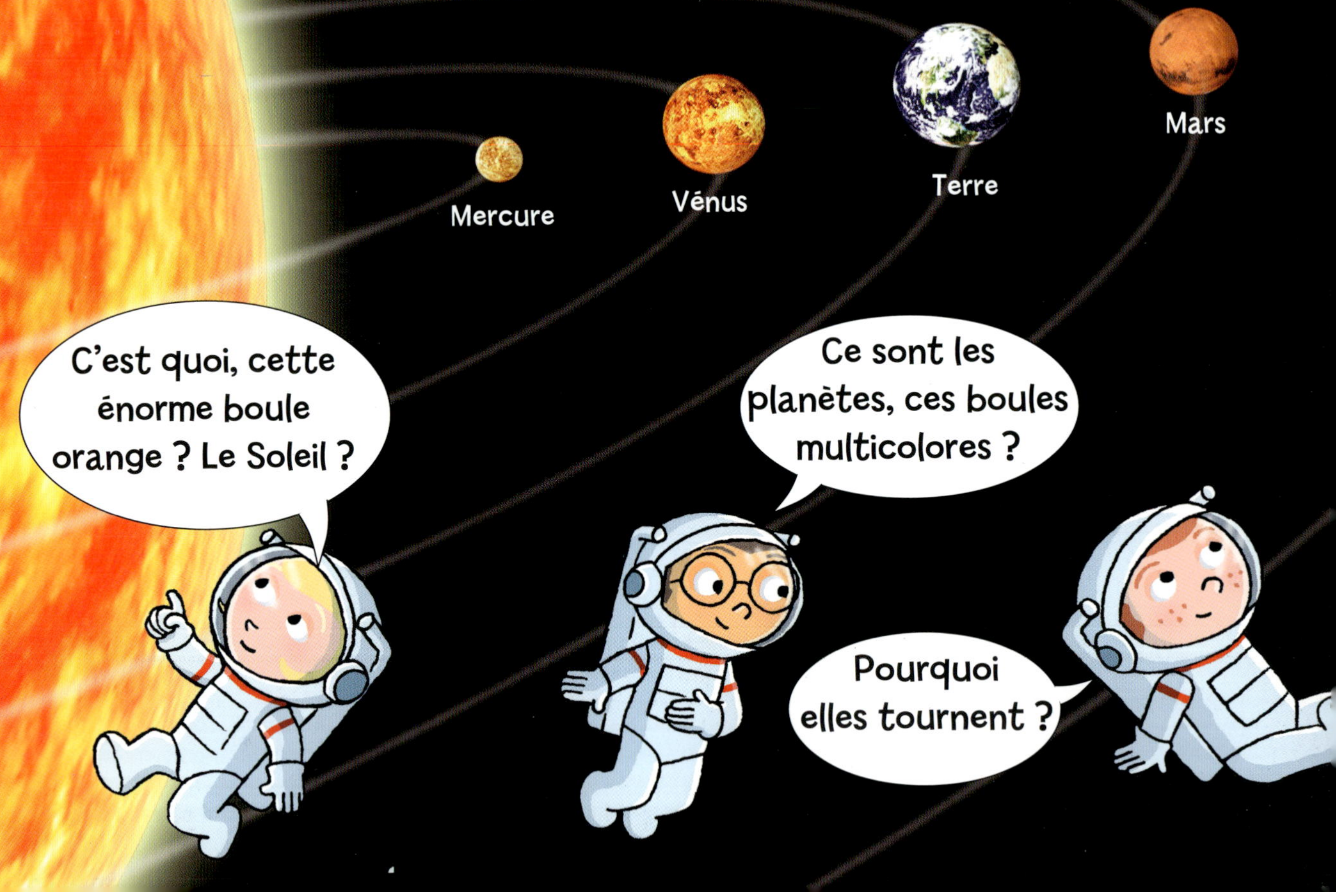

On dirait qu'il les retient par des fils invisibles ! Ce phénomène s'appelle la gravité. C'est une loi de l'espace qui veut qu'un gros objet attire les objets plus petits situés à ses côtés et les fait tourner autour de lui.

Les planètes tournent toutes autour du Soleil dans le sens contraire des aiguilles d'une montre. Mais elles suivent chacune un chemin différent : l'orbite. Ainsi, elles ne se percutent pas.

Le Système solaire est très difficile à mesurer, car aucun engin spatial n'a encore atteint ses limites. Il est immense, et pourtant il est riquiqui dans l'Univers.

Actuellement, la sonde spatiale New Horizons explore les confins de notre Système solaire. Partie en 2006, elle a croisé Uranus en 2011 et devrait bientôt voyager au-delà de Neptune.

Plus les planètes sont proches du Soleil, plus elles circulent vite. Les planètes éloignées sont très lentes. Elles doivent aussi parcourir un chemin plus long pour faire le tour du Soleil. La Terre met un an pour faire un tour complet autour du Soleil. En comparaison,

Mercure met 3 mois ;
Vénus, 7 mois et demi ;
Mars, 2 ans ;
Jupiter, 12 ans ;
Saturne, presque 30 ans.

En plus de tourner autour du Soleil, les planètes tournent aussi sur elles-mêmes, comme des toupies ! Là encore, elles ne le font pas toutes à la même vitesse.

Il est né il y a presque 5 milliards d'années à partir d'un immense nuage de gaz et de poussières.

Ce nuage s'est mis à tourner sur lui-même de plus en plus vite. Une boule a fini par se former au centre.

Cette boule, devenue très chaude, s'est mise à brûler et à briller. Une étoile est née : notre Soleil !

Des gaz et des poussières étaient restés de côté. Ils ont continué à tourbillonner autour du jeune Soleil. Puis ils se sont agglomérés pour former des sortes de grumeaux.

Près du Soleil, les grumeaux les plus chauds ont formé les 4 petites planètes rocheuses. Plus éloignés, les grumeaux les plus froids ont formé 4 gigantesques planètes gazeuses.

NOTRE ÉTOILE, LE SOLEIL

Le Soleil n'est qu'une étoile parmi les centaines de milliards que compte notre galaxie. Cet astre est une véritable fournaise dont la surface bouillonne et dont le cœur atteint 16 millions de degrés ! C'est lui qui éclaire et réchauffe tout notre Système solaire.

C'est une immense boule de gaz en feu. Au centre se trouve un four géant où les gaz brûlent et libèrent une énorme quantité d'énergie produisant chaleur et lumière.

Ces langues de feu sont des jets de gaz brûlants, de violentes explosions qui montent à 150 000 km dans l'espace, avant de retomber. On les appelle les protubérances solaires.

Son tour de taille mesure presque 1 million et demi de kilomètres. Si le Soleil était un ballon de foot, la Terre ne serait pas plus grosse qu'une puce !

Le Soleil est situé à 150 millions de kilomètres de la Terre. En TGV, il faudrait près de 60 ans pour l'atteindre. En voiture, 171 ans environ. Ses rayons, eux, ne mettent que 8 minutes à nous parvenir !

HUIT PLANÈTES

Les planètes sont de grosses boules toutes rondes qui tournent autour d'une étoile, dont elles reçoivent la lumière et la chaleur. Dans notre Système solaire, il y en a 8 : 4 sont faites de roches et 4 sont surtout faites de gaz.

Mercure, Vénus, Mars et la Terre sont couvertes d'une croûte solide faite de roches. Ce sont aussi les plus proches du Soleil.

Mercure

C'est la planète la plus proche du Soleil. Sa surface est toute cabossée. Comme elle n'a pas d'atmosphère pour la protéger, elle a été percutée par des météorites qui l'ont criblée de cratères. Le jour, il y fait plus chaud que dans un four (500 °C) et, la nuit, plus froid que dans un congélateur (-170 °C) !

Vénus

Vénus est entourée d'épais nuages. Ils ne sont pas faits de gouttelettes d'eau, mais de gaz acides ! Sa surface est hérissée de montagnes et d'anciens volcans. C'est la planète la plus chaude du Système solaire : il y fait 400 °C de jour comme de nuit ! La vie y est donc impossible.

La Terre

À part la Terre, on n'a pas découvert d'autres planètes habitées dans notre Système solaire. Mais il existe des milliards d'autres planètes dans l'Univers. Elles sont trop éloignées pour qu'on puisse les explorer. Mais peut-être que certaines abritent de la vie !

Mars

La Terre est surnommée la « planète bleue » à cause de ses vastes océans. Elle est entourée d'une couche d'air, l'atmosphère, qui protège ses habitants en filtrant les rayons du Soleil et en bloquant l'essentiel des météorites qui pourraient la percuter.

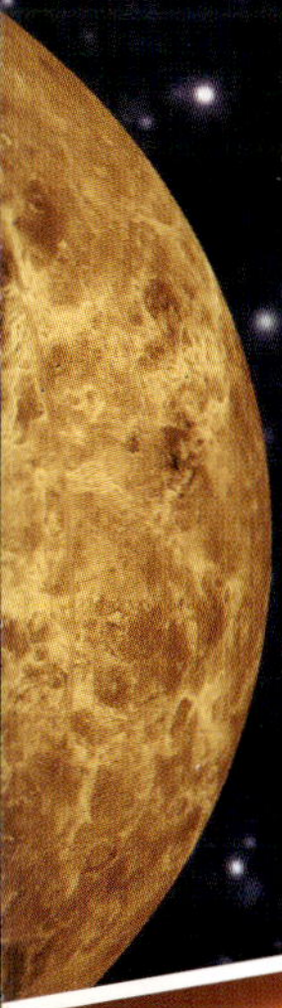

Mars, tout comme la Terre, a une atmosphère, des saisons, et on pense que de l'eau liquide y a existé autrefois. Aujourd'hui, elle ressemble à un désert couvert de sable rouge que des tempêtes soulèvent régulièrement. Le sol est tantôt creusé de canyons et de cratères, tantôt hérissé d'immenses volcans. L'air y est irrespirable.

On ne peut pas se poser sur ces planètes géantes : il n'y a pas de sol à leur surface, juste des couches de gaz et des nuages ! Tout au centre, elles cachent toutefois un petit noyau rocheux.

Jupiter

Saturne

Jupiter est la plus grosse planète du Système solaire : elle pourrait contenir 1 300 fois la Terre. De loin, elle est jaune orangé, avec une grosse tache rouge qui se déplace : c'est un ouragan qui y fait rage depuis 300 ans ! Les bandes colorées qui l'entourent sont des nuages.

Saturne est une boule de gaz si légère que, posée sur l'eau, elle flotterait comme un ballon rempli d'air. Étant très éloignée du Soleil, il y règne un froid polaire.

Les anneaux qui l'entourent sont des milliards de poussières, de cailloux et de petits blocs de glace qui tournent autour de Saturne sans jamais s'arrêter.

Uranus est une originale : elle est couchée sur le côté. On pense qu'il y a longtemps, un astre l'a percutée et l'a renversée. Cette planète est très éloignée du Soleil, ses rayons ne l'atteignent que faiblement. Il y fait vraiment très froid. Elle est aussi entourée d'anneaux, mais ils sont si fins qu'ils sont presque invisibles !

Les faibles rayons du Soleil qui atteignent ces deux planètes provoquent ces jolies teintes bleues, vertes ou violettes lorsqu'ils se reflètent sur leurs gaz.

Neptune a de fins anneaux quasi transparents. C'est la planète la plus éloignée du Soleil, il y fait -220 °C. Elle est parcourue par les vents les plus violents de tout le Système solaire. Elle abrite même un ouragan géant aussi étendu que la planète Terre !

LES ASTÉROÏDES

Lorsqu'on voyage entre Mars et Jupiter, on croise un véritable mur de cailloux ! Ce sont des astéroïdes. La plupart ont la taille d'un grain de sable, mais certains sont bien plus gros. Attention aux collisions !

Les astéroïdes sont faits de poussières, de cailloux et de glace qui n'ont jamais réussi à s'assembler pour créer une planète. Disposés en anneau, ils tournent autour du Soleil, comme les autres astres. La majorité ont des formes irrégulières.

Les astéroïdes entrent souvent en collision les uns avec les autres. À force de s'entrechoquer, ils s'émiettent.

Des astéroïdes percutent régulièrement la Terre. Ils prennent alors le nom de météorites.

Mais lorsqu'ils entrent dans l'atmosphère, ils s'enflamment et se consument avant d'atteindre le sol. Ce sont eux que l'on aperçoit parfois et qu'on appelle les étoiles filantes ! Il y a longtemps, de grosses météorites se sont écrasées sur Terre, laissant des cratères.

LA LUNE

Lorsque le jour tombe et que la nuit s'installe, la Lune apparaît dans le ciel pour ne disparaître qu'au lever du jour. C'est une originale, qui change de forme au fil des soirs. Mais qui est donc cette voisine qui tourne autour de la Terre ?

La Lune n'est pas une étoile : elle ne produit pas de lumière. Elle se contente de refléter les rayons du Soleil, comme le ferait un miroir. Pendant la nuit, le Soleil étant situé de l'autre côté de la Terre, ses rayons se projettent sur la Lune : elle semble briller !

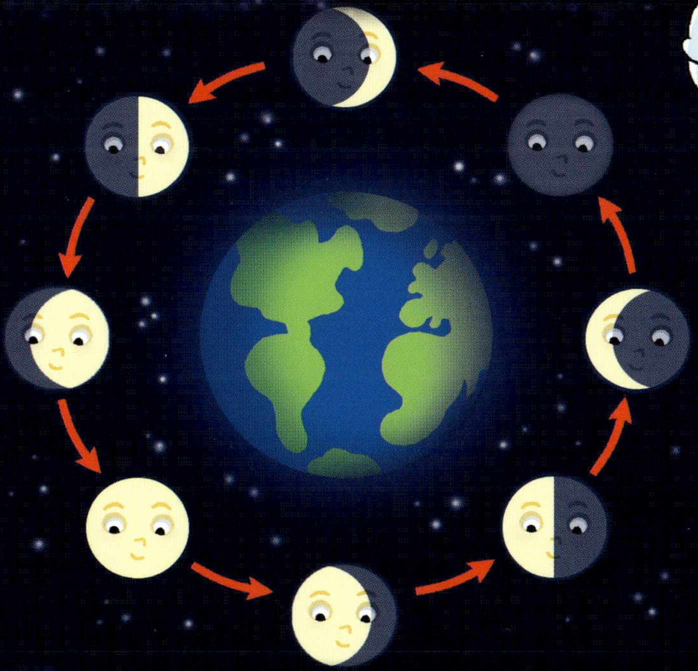

La Lune est notre satellite : elle tourne autour de la Terre. Elle n'est donc pas toujours éclairée de la même façon par le Soleil. Ainsi, lorsque le Soleil l'éclaire de face, on la voit en entier, c'est la pleine lune. Le reste du temps, on n'en voit qu'une partie. Elle met 28 jours pour faire le tour de la Terre.

Nouvelle lune — Premier croissant — Premier quartier — Lune gibbeuse — Pleine lune — Lune gibbeuse décroissante — Dernier quartier — Dernier croissant

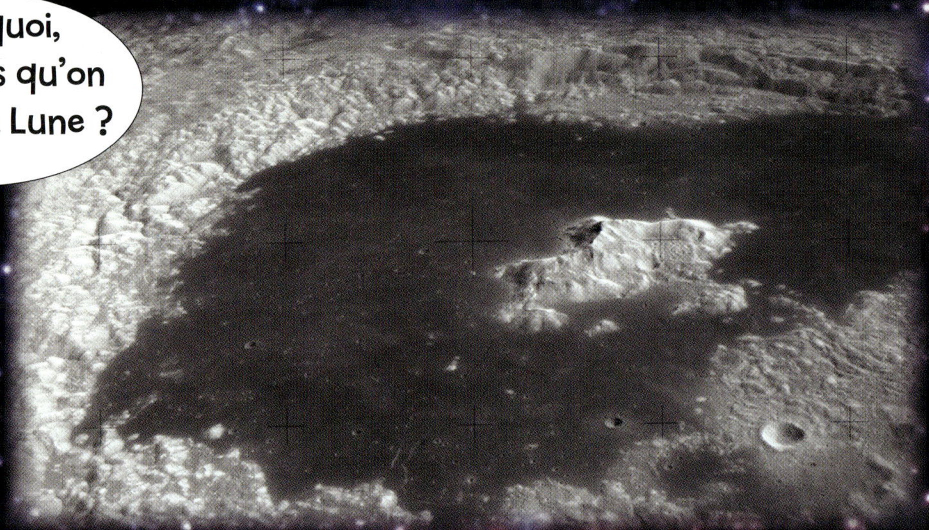

Au début, il y avait de puissants volcans en activité sur la Lune. Ils ont craché des fleuves de lave qui ont créé de vastes étendues plates qu'on a appelées des « mers ». Ce sont elles qui forment les taches sombres à sa surface. Quant aux zones claires, elles correspondent à des montagnes. Elles peuvent s'élever jusqu'à 8 000 m, comme sur Terre.

Le sol de la Lune est rocheux, gris et poussiéreux. Il n'y a pas d'air, on ne peut pas y respirer. Le jour, il fait plus de 120 °C, la nuit, jusqu'à - 230 °C. Gla-gla !

La Lune n'a pas d'atmosphère pour la protéger. Elle a donc été bombardée par des météorites, qui ont laissé de multiples cratères à sa surface. Les plus grands font 200 km de large !

La Lune est si proche de la Terre qu'elle agit sur la nature. Elle attire l'eau des océans et provoque ainsi les marées. Les périodes de pleine et de nouvelle Lune sont celles où les marées sont d'ailleurs les plus fortes.

La Lune aurait un effet sur les plantes. Quand elle est le plus éclairée, les plantes pousseraient mieux, c'est le moment de semer.

En tournant autour de la Terre, la Lune peut parfois se trouver dans l'alignement de la Terre et du Soleil et masquer celui-ci aux yeux des Terriens. Quand le Soleil, la Lune et la Terre sont parfaitement alignés, on assiste à une éclipse totale de Soleil.

Pendant quelques minutes, la nuit se fait en plein jour, la température chute et la Lune apparaît noire cerclée de feu.

LES PREMIÈRES FUSÉES

Pendant des siècles, les hommes ont regardé avec envie le ciel, les étoiles et la Lune depuis la Terre. Il leur a fallu beaucoup de temps pour inventer et construire des machines assez puissantes pour les emmener dans l'espace. Tout commence avec les premières fusées...

Dès 1865, l'écrivain Jules Verne imagina, dans son livre « De la Terre à la Lune », une fusée capable d'emmener un équipage vers la Lune.

Ce professeur américain, ci-dessous à droite, est le premier à réussir le lancement d'une fusée à partir d'un carburant qu'il a mis au point. Sa fusée est lancée le 16 mars 1926. Elle s'élève à 12,5 m. Ce premier essai sera à la base du lancement des futures fusées.

Les Chinois envoyaient déjà, dit-on, des fusées chargées de poudre vers leurs ennemis au XIIe siècle.

C'est un ingénieur allemand qui invente les premières fusées modernes pendant la 2e Guerre mondiale.

Les fusées V2, comme on les appelle, servent alors à lancer des bombes à très longue distance. Tirées depuis l'Allemagne ou la Belgique, elles montent très haut dans le ciel, à 85 km d'altitude, avant de retomber sur Paris ou sur Londres.

16 MARS 1926

La guerre terminée, les hommes se rendent compte qu'ils ont fait d'énormes progrès technologiques dans le domaine des fusées militaires. Ils se tournent alors vers l'espace. Américains et Russes se lancent à sa conquête.

Essais de fusées V2 aux États-Unis

À LA CONQUÊTE DE L'ESPACE

Qui sera le premier dans l'espace ? Une course effrénée s'engage entre les Russes et les Américains. Le 4 octobre 1957, une fusée russe atteint l'espace. Elle vole 5 minutes, juste le temps de déposer le premier satellite de l'Histoire autour de la Terre : Spoutnik.

La fusée russe R-7 Semiorka est un monstre de 30 m de haut, l'équivalent d'un immeuble de 10 étages ! Ce lanceur doit mettre en orbite Spoutnik (voir p. 31) et effectuer un tour de Terre.

Spoutnik est le tout premier satellite, une boule d'acier qui tourne 92 jours autour de la Terre avant de se désintégrer.

Au début, on ne savait pas si un être vivant survivrait à un tel voyage. On envoya donc d'abord une chienne, Laïka, en 1957, partie à bord d'un lanceur russe. Puis, en 1961, Ham, un singe qui s'envole dans une fusée américaine et qui est récupéré.

Enfin, comme tout se passait bien, en avril 1961, le cosmonaute russe Iouri Gagarine est le premier homme à aller dans l'espace. Il fait le tour de la Terre en moins de 2 heures.

Les Américains n'abandonnent pas la course. Trois semaines après l'exploit de Gagarine, ils envoient le premier Américain dans l'espace, Alan Shepard, puis le deuxième, en 1962.

ON A MARCHÉ SUR LA LUNE

Trois Américains vont à jamais marquer l'histoire de la conquête spatiale. Le 16 juillet 1969, Saturn V décolle de la base de Cap Canaveral, aux États-Unis. Elle emporte à son sommet le vaisseau Apollo 11 et ses 3 passagers, direction la Lune !

Cette expédition historique dure huit jours : trois jours pour aller jusqu'à la Lune, deux jours sur place, et trois jours de trajet retour.

Pendant plus de 2 heures, les astronautes collectent 22 kg de cailloux, qui seront étudiés sur Terre, et plantent le drapeau américain.

Une fois en orbite autour de la Terre, le vaisseau Apollo et le module lunaire se détachent du 3e étage de la fusée.

Parvenus en orbite autour de la Lune, Collins reste dans le vaisseau. Ses compagnons rejoignent la Lune avec le LEM.

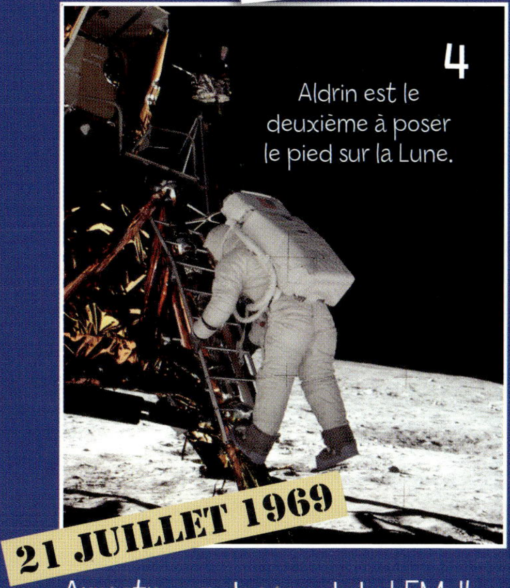

Armstrong descend du LEM. Il marche sur la Lune : « C'est un petit pas pour l'homme, un bond de géant pour l'humanité. »

Leur mission accomplie, les deux hommes rejoignent Collins, resté dans le vaisseau Apollo. Ils regagnent la Terre.

Le module de commande abritant les 3 hommes résiste à l'échauffement de la traversée de l'atmosphère.

Ses 3 occupants amerrissent comme prévu dans l'océan Pacifique, où ils sont récupérés le 24 juillet.

LES LANCEURS

Les lanceurs sont des fusées qui propulsent dans l'espace des satellites, des sondes ou des capsules abritant des hommes. Chaque lancement est une grande aventure qui demande des mois de travail. Mais les satellites et les sondes sont devenus des outils indispensables.

Il n'y a pas de pilote à bord d'un lanceur ! La fusée est dirigée depuis la Terre, à partir d'une salle de contrôle où travaillent de nombreux spécialistes qui font démarrer la fusée et la guident.

Le lanceur décolle d'abord à la verticale, puis s'incline. Au bout de 1 à 2 minutes, il largue ses propulseurs, dont il a déjà utilisé le carburant. Sa coiffe se détache. Ensuite, l'un après l'autre, ses étages se détachent à leur tour, vidés de leur carburant. Arrivé dans l'espace, le dernier étage libère le(s) satellite(s) et retombe vers la Terre en se désintégrant.

Les satellites sont des instruments qui tournent autour de la Terre, recueillent des informations et les renvoient sur notre planète par des signaux. Ils servent à téléphoner avec le mobile, à recevoir des programmes télé du monde entier, à connaître la météo, etc.

Les sondes sont de petits vaisseaux contenant des robots et caméras qui servent à explorer le Système solaire.

LES NAVETTES

Contrairement aux fusées, les navettes peuvent faire plusieurs voyages entre la Terre et l'espace. Ce sont des fusées réutilisables qui ont la forme d'avions.

2. En s'élevant, le réservoir et les fusées d'appoint se détachent les uns après les autres. Seule la navette atteint l'espace.

Une navette peut accueillir de 2 à 8 personnes. Elle possède aussi une immense soute qui pourrait contenir un gros autocar !

1. Cet avion un peu spécial est appelé navette. Au décollage, elle est fixée à un gros réservoir (orange) et à deux « petites » fusées munies d'un moteur. Tous trois sont remplis de carburant. Ils servent à propulser la navette.

3. Une fois dans l'espace et selon sa mission, la navette peut larguer un satellite, le récupérer ou encore rejoindre la Station spatiale internationale (voir page suivante) pour y déposer des astronautes.

4. Pour rentrer dans l'atmosphère, la navette se renverse sur le dos afin de ralentir. Puis elle se remet sur le ventre, en position cabrée. Au contact de l'air, elle s'échauffe très fort, mais elle est recouverte d'une matière-bouclier qui l'empêche de brûler.

5. À l'approche du sol, elle atterrit sur une piste comme un avion… sauf qu'elle fonce presque deux fois plus vite, à 470 km/h !

Un parachute se déploie pour aider la navette à freiner sur la piste.

LA VIE DANS L'ESPACE

Dans l'espace, rien ne se passe comme sur Terre. Les objets et les corps flottent dans le vide et n'ont presque aucun poids : c'est l'apesanteur. Les astronautes qui séjournent à bord de la Station spatiale internationale (ISS) doivent apprendre à vivre autrement.

Dans l'espace, il ne faut pas craindre de se retrouver la tête en bas ! Toute la station est équipée de poignées et de moyens de se fixer ou de rester les pieds au sol.

L'ISS est un immense laboratoire qui a été construit dans l'espace, pièce après pièce, à partir de 1998. De grands panneaux solaires lui fournissent de l'électricité.

La combinaison protège des rayons du Soleil, très dangereux, et des températures extrêmes qui règnent dans l'espace (de très hautes à très basses). Elle permet aussi de respirer et de communiquer, car dans l'espace il n'y a pas d'air !

Un peu comme si on était dans l'eau. Pour pouvoir travailler dans l'espace, les astronautes s'entraînent en piscine.

Les aliments, les boissons, tout est en sachets pour éviter que la nourriture s'envole et flotte dans la station.

Pas de douche, on se lave avec des lingettes ! Et pour dormir, il faut se glisser dans un sac de couchage bien fixé.

Dans la Station spatiale, les astronautes mènent des expériences et des observations sur l'espace.

LES MISSIONS DU FUTUR

Après la Lune, c'est Mars vers laquelle les yeux des hommes se sont tournés. C'est en effet la seule planète qui pourrait accueillir des astronautes. Pour l'instant, seuls des robots l'ont explorée, mais peut-être que d'ici 2050 une base telle que celle-ci y verra le jour !

Ce robot doit recueillir des informations en vue d'une future mission humaine sur Mars.

La recherche et les découvertes scientifiques, mais aussi la gloire, motivent les pays qui travaillent aux missions sur Mars.

Les astronautes pourraient loger et travailler dans des maisons-laboratoires gonflables. Diverses installations permettraient de fournir de l'oxygène et de l'électricité.

Mars est bien plus éloignée de la Terre que la Lune. Il faut compter 9 mois pour s'y rendre et autant pour revenir. C'est pourquoi les ingénieurs travaillent à des vaisseaux plus rapides.

De juin 2010 à novembre 2011, six volontaires sont restés enfermés 520 jours dans une cabine pour voir si un équipage pourrait endurer un tel voyage. L'expérience a été un succès.

Projet de vaisseau pour atteindre Mars

Les Américains avaient pour projet d'établir une base sur la Lune d'ici 2020 afin d' y faire escale sur la route de Mars...

Mais ce projet a été annulé faute d'argent. Tu verras peut-être cette base naître plus tard, sait-on jamais ?

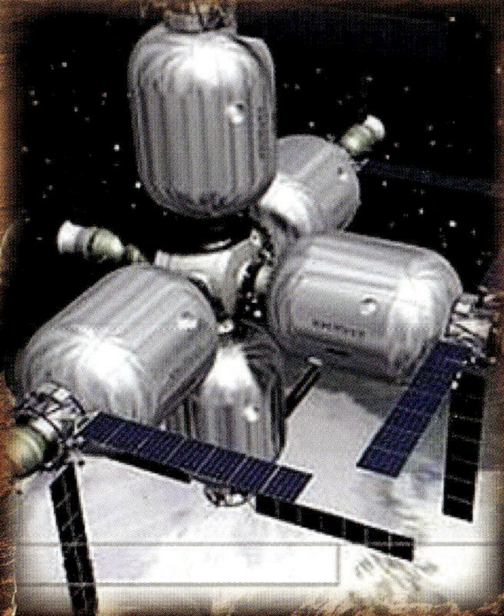

Des hommes ont imaginé cet hôtel spatial gonflable. Un jour, peut-être pourra-t-on s'y rendre en vacances...

LA TÊTE DANS LES ÉTOILES

La nuit, lorsque les nuages ne couvrent pas le ciel, des milliers d'étoiles scintillent. Le mieux pour les observer, est de choisir une nuit d'été à la campagne, loin de la lumière des villes, de préférence quand la Lune n'éclaire pas trop (lorsqu'elle forme un petit croissant). Quel spectacle magique !

Cette sorte de voile blanc est un morceau de notre galaxie, que l'on peut voir depuis la Terre. Étonnant, non ? C'est d'ailleurs cet aspect blanc, laiteux, qui a valu à notre galaxie son nom de **Voie lactée**.

L'étoile du Berger est celle qui apparaît la première à la tombée du jour. En fait, ce n'est pas une étoile, mais la planète Vénus, qui reflète la lumière du Soleil.

La Grande Ourse a la forme d'une casserole ou d'un chariot, selon les observateurs. C'est l'une des plus faciles à reconnaître.

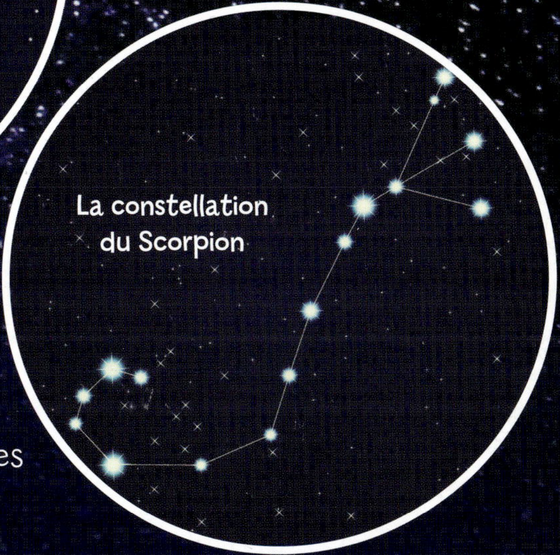

La constellation du Scorpion

Pour mieux reconnaître les étoiles, les hommes ont tracé entre elles des lignes imaginaires en forme d'animaux, d'objets ou de créatures légendaires. Ces dessins s'appellent des **constellations**. Voici quelques exemples de celles que tu peux observer avec un peu d'attention.

La constellation du Dragon

C'est une comète : un caillou fait de glace et de poussières qui vient du fond du Système solaire, là où il fait très froid. Les comètes tournent autour du Soleil. Parfois, elles passent à côté de la Terre, ce qui nous permet de les admirer.

En s'approchant du Soleil, la glace des comètes se change en gaz. Une partie forme un panache blanc, la chevelure. Une autre, mêlée à des poussières, s'échappe en une longue traînée bleue : c'est la queue des comètes.

Les comètes sont très rares. La plus connue est la comète de Halley, mais on ne peut l'apercevoir que tous les 76 ans. C'est un événement. Son prochain passage est prévu pour 2061 !

Oui, tout comme les hommes, mais elles vivent bien plus longtemps ! Notre Soleil devrait encore vivre 5 milliards d'années.

Ne confonds pas les étoiles avec les lumières émises très haut dans le ciel par les avions ou les satellites, qui se déplacent lentement.

Près des pôles apparaissent d'étranges lueurs, **les aurores polaires,** dues à des particules électriques venues du Soleil.

Des personnes disent avoir observé dans le ciel **un ovni** : un **o**bjet **v**olant **n**on **i**dentifié. Certains ovnis ont même été photographiés ou filmés ! Les savants ont démontré que la plupart étaient des avions de chasse, des météorites ou parfois même des mirages. Mais quelques-uns restent inexpliqués. Seraient-ce des soucoupes volantes d'extraterrestres ?

CRÉDITS PHOTOGRAPHIQUES :

Couverture : Navette Discovery © S. Andrews/Science Faction/Corbis. Fond © Fotosearch. P. 6/7 : Fond de page © Fotosearch. P. 8/9 : Fond de page © Fotosearch. P. 10 : Observatoires géant, Chili © R. Ressmeyer/Corbis. Ian Shelton devant télescope, Chili © R. Ressmeyer/Corbis. P. 11 : Galileo-Galilei © L. Ricciarini/Leemage. Premier télescope de Newton © J. Sugar/Corbis. Hubble © Fotosearch. P. 12/13 : Fond de page système solaire © Fotosearch. La Voie lactée © Fotosearch. La sonde New Horizons © Lookastciences. P. 14 : Toupie © Fotosearch. P. 16 : Le Soleil © Fotosearch. P. 17 : Protubérance solaire © Fotosearch. Ballon de foot © Fotosearch. P. 18/19 : Mercure © D. Scott/Corbis. Surface de Mercure © Nasa/J. Hopkins University. Vénus © Nasa/Corbis. Surface de Vénus © Stocktreckimages/GettyImages. Terre © Nasa. Lagon sur Terre © Fotosearch. Mars © Nasa. Surface de Mars © D. Van Ravenswaay/GettyImages. P. 20/21 : Saturne © Fotosearch. Détail des anneaux © Fotosearch. Jupiter © Fotosearch. Uranus © W. Radcliffe/Science Faction/Corbis. Neptune © Nasa. P. 22/23 : Photo de fond : GettyImages. Astéroïde © Corbis. Anneau d'astéroïdes © NASA/B. Allen/Corbis. Meteor Crater © Fotosearch. Étoile filante © Fotosearch. P. 24/25 : Lune © Fotosearch. Soleil © Fotosearch. P .26/27 : Pleine Lune © Fotosearch. Surface de la Lune © Corbis. Sol lunaire (en bas) © World Perspectives/GettyImages. Éclipse solaire © Fotosearch. P. 28/29 : Jules Verne © Roger-Viollet. Gravure «De la Terre à la Lune», J. Verne © Roger-Viollet. Robert Hutchings Goddard © Rue-des-Archives. Von Braun © Nasa/Corbis. Fusées V2 © Rue-des-archives. Fusée V2 aux USA © Corbis. P. 30/31 : Fusée R7 © Jacques Dayan. Terre © Nasa. Spoutnik © Fotosearch. Laïka © Nasa. Ham © Nasa. Iouri Gagarine © Bettmann/Corbis. Alan Shepard © Nasa. P. 32/33 : Décollage Saturn V © Nasa. Portrait de l'équipage © Nasa. Aldrin descendant du Lem © Corbis. Aldrin près du drapeau US © Nasa. Pas sur sol lunaire © Nasa. P. 34/35 : Lanceur Ariane 5 © Jacques Dayan. Salle de contrôle, Kourou © Esa-S. Corvaja. Sonde © Fotosearch. GPS © Fotosearch. P. 36/37 : Décollage navette Discovery © Nasa/handout/CNP/Corbis. Atterrissage navette © B. Cooper/Science Faction/Corbis. P. 38/39 : ISS © Nasa/Handout/CNP/Corbis. Astronautes Susan J. Helms & Yury V. Usachev © GettyImages. Astronaute travaillant en extérieur © Stocktrek/Corbis. Préparation en piscine © R. Ressmeyer/Corbis. Koichi Wakata et sachets de nourriture © GettyImages. Couchage © DR. Philippe Perrin dans l'ISS © Gamma. P. 40/41 : Base martienne imaginaire © S. Hobbs/Stocktrek Images/Corbis. Robot Curiosity © Nasa/JPL/altech. Vaisseau futur © DR Paramount. Membres de l'expérience Mars 500 © A. Koudenko/Ria Novosti. Vaissseau futur (en bas) © Corbis. Projet d'hôtel spatial © Bigelow Aerospace. P.42/43 : Voie lactée © Fotosearch. Étoile du berger © Fotosearch. Constellations © Fotosearch. P. 44/45 : Comète en gros plan et plan large © Fotosearch. Une du «Petit Parisien», 1910 © Leemage/GettyImages. Aurore polaire © Fotosearch. Photo N&B Ovni © Bettmann/Corbis. Extraterrestre © Fotosearch.

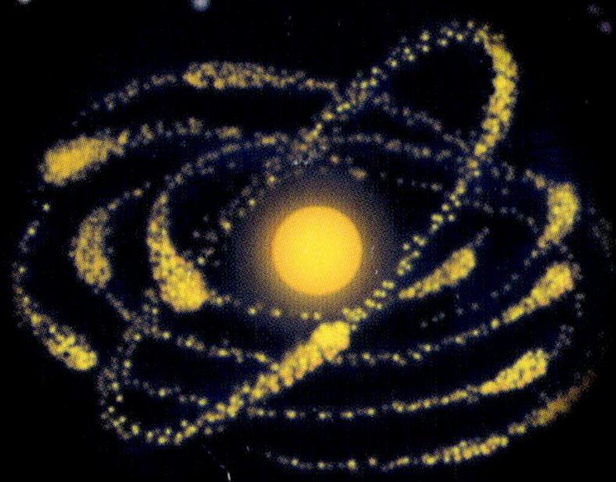